55 Recettes de Jus pour la Prévention du cancer et la Lutte contre le cancer

Stimuler Votre Système Immunitaire, Améliorer Votre Digestion, et Devenir Plus Sains Dès Aujourd'hui

Par

Joseph Correa

Nutritionniste Certifié des Sportifs

COPYRIGHT

© 2016 Finibi Inc

All rights reserved

La reproduction ou la traduction d'une partie de ce travail au-delà de ce qui est permis par l'article 107 ou 108 de la Loi sur le droit d'auteur aux États-Unis sans la permission du propriétaire du droit d'auteur 1976 est illégale.

Cette publication est conçue pour fournir des informations exactes et fiables en ce qui concerne la matière couverte.

Elle est vendue avec la compréhension que ni l'auteur ni l'éditeur ne sont engagés dans l'apport de conseils médicaux. Si des conseils ou une assistance médicale deviennent nécessaires, consulter un médecin. Ce livre est considéré comme un guide et ne doit pas être utilisé en aucune façon pour nuire à votre santé. Consultez un médecin avant de commencer ce plan nutritionnel pour vous assurer qu'il s'adapte à vos besoins.

REMERCIEMENTS

La réalisation et le succès de ce livre n'auraient pu être possibles sans la motivation et le soutien de ma famille.

55 Recettes de Jus pour la Prévention du cancer et la Lutte contre le cancer

Stimuler Votre Système Immunitaire, Améliorer Votre Digestion, et Devenir Plus Sains Dès Aujourd'hui

Par

Joseph Correa

Nutritionniste Certifié des Sportifs

SOMMAIRE

Droits d'Auteur

Remerciements

A Propos de l'Auteur

Introduction

55 Recettes de Jus pour la Prévention du cancer et Lutte contre le cancer
Stimuler Votre Système Immunitaire, Améliorer Votre Digestion, et Devenir Plus Sains Dès Aujourd'hui

Autres Grands Titres de cet Auteur

A PROPOS DE L'AUTEUR

En tant que nutritionniste certifié des sportifs, je crois honnêtement aux effets positifs qu'une alimentation saine peut avoir sur le corps et l'esprit. Ma connaissance et mon expérience m'ont aidé à vivre en meilleure santé tout au long des années que j'ai partagées avec la famille et les amis. Plus vous en saurez sur le fait de manger et de boire pour une meilleure santé, plus tôt vous voudrez changer votre vie et vos habitudes alimentaires.

La nutrition est essentielle dans le processus d'être en meilleure santé et de vivre plus longtemps, alors commencez dès aujourd'hui.

INTRODUCTION

55 Recettes de Jus pour la Prévention du cancer et la Lutte contre le cancer – Ce livre va vous aider à avoir un système immunitaire plus fort grâce a une variété d'ingrédients puissants et aux mélanges de ces jus. La prévention du cancer est un sujet grave qui doit être abordé avec l'exercice cardiovasculaire, un repos suffisant, et une bonne nutrition. Ces jus ne devraient pas remplacer vos repas quotidiens réguliers, mais devraient compléter vos repas réguliers de chaque jour.

Ne pas prendre le temps de nourrir votre corps correctement peut avoir des effets négatifs à long terme, et c'est la raison pour laquelle ce livre vous évitera de futurs problèmes et vous aidera à apprendre à nourrir votre corps afin qu'il puisse lutter efficacement contre le cancer du système immunitaire.

Ce livre vous aidera à:
- Renforcer votre système immunitaire.
- Améliorer votre digestion.
- Nettoyer votre circulation sanguine.
- Avoir plus d'énergie.
- Devenir plus sain sur une base quotidienne.

-Eliminer les toxines de votre corps.

Joseph Correa est un nutritionniste du sport certifié et un athlète professionnel.

55 Recettes de Jus pour la Prévention du cancer et la Lutte contre le cancer

1.   Puissance Beta-carotene

Avantages:
Le bêta-carotène est une composante essentielle d'une alimentation saine. Il a été prouve qu'il réduit le risque de certains cancers, et ralentit même la reproduction des cellules cancéreuses. Les cantaloupes et les carottes sont très riches en bêta-carotène. L'orange ajoute un petit gout piquant et savoureux a ce jus ainsi qu'une généreuse dose de vitamine C.

Ingrédients:
- 1/3 de cantaloupe, inclus l'écorce
- 3 carottes
- 1 Orange épluchée

Préparation :
Lavez tous les ingrédients.

Faites en jus et prenez-le tout de suite

Valeurs nutritives : Total des Calories: 190 Vitamines: Vitamine A 15 ug, Vitamine C 25mg, Calcium10mg. Minéraux: 65 mg de sodium, 32 mg de potassium Sucres 8g

2. Boosty Antioxydant

Avantages:

Bourré d'éléments nutritifs denses et riches en saveur, ce jus fruité est sûr de renforcer le système immunitaire et aider à éliminer les radicaux libres qui pourraient autrement endommager les cellules et entraîner un cancer. Cette recette de jus est excellente, vous pouvez la consommer à tout moment de la journée.

Ingrédients:
- 4 abricots, dénoyautés
- 6 grosses fraises
- 1 orange

Préparation :

Laver tous les ingrédients.
Faites en un bon jus et profitez de cette boisson fraîche tout de suite.

Valeurs nutritives : Nombre de calories: 90
Vitamines: Vitamine A 4 pg, vitamine C 8mg, calcium 10mg

Minéraux: sodium 32 mg, 29 mg de potassium
Sucres 4 g

3. Le Guérisseur Puissant

Avantages:

Plusieurs études ont déjà montré que l'ail, ainsi que les oignons ou la ciboulette, réduisent le risque de développer un cancer de l'estomac ou de l'intestin. L'explication viendrait des composés de soufre contenus dans l'ail, ce qui aurait pour effet de ralentir la croissance des cellules cancéreuses. Le brocoli est très riche en vitamine A, B, et calcium, donc ce mélange conduira à un corps sain et fort.

Ingrédients:
- 4 grosses carottes
- 4 tiges de brocoli
- 1 gousse d'ail

Préparation :

Laver tous les ingrédients.
Faites en jus et prenez-le tout de suite.

Valeurs nutritives : Nombre de calories: 163

Vitamines: Vitamine A 5 ug, vitamine C 9 mg, calcium 11mg

Minéraux: 15 mg de sodium, de potassium 19 mg

Sucres 3 g

4. Crèmerie vitale

Avantages:

La haute teneur en cuivre et vitamine C dans les poires agissent comme de bons antioxydants qui peuvent protéger les cellules contre les dommages causés par les radicaux libres. La limonoïde est un composé qui se trouve dans les oranges et qui s'est avérée efficace pour aider à lutter contre les cancers de la bouche, de la peau, du poumon, du sein, de l'estomac et du côlon.

Ingrédients:
- 360g Pommes – 2 moyennes
- 190g Céleri - 3 branches
- 125g Orange (avec la peau)-
- 350g Poires – 2 moyennes
- 127g Patate douce

Préparation :

Laver tous les ingrédients.

Faites en jus et prenez-le tout de suite.

Valeurs nutritives : Nombre de calories: 330

Vitamines: Vitamine A 690µg, vitamine C 75 mg, calcium 150 mg

Minéraux: 152 mg de sodium, 130 mg de potassium

Sucres 60g

5. Mix de Carottes

Avantages:

Des études ont montré que le lycopène, un caroténoïde présent dans les tomates, joue un rôle préventif dans certains types de cancers comme le cancer du poumon, de la prostate et le cancer du côlon. Les carottes font des merveilles pour stimuler le système immunitaire, elles augmentent les performances des globules blancs et aident également à éliminer l'excès de liquide du corps. Les carottes réduisent le risque d'AVC de 68% et le risque de cancer du poumon de 50%. Elles augmentent l'immunité grâce à la bêta-carotène qu'elles contiennent en grande quantité.

Ingrédients:
- 144g Carottes
- 192g céleri - 3 branches
- 150g concombre - 1/2 concombre
- 80g persil - 2 poignées
- 365g tomates - 3 moyennes

Préparation :

Laver tous les ingrédients.
Faites en jus et prenez-le tout de suite.

Valeurs nutritives : Nombre de calories: 90
Vitamines: Vitamine A 980µg, Vitamine C 150mg, calcium 211mg
Minéraux: 235 mg de sodium, 190 mg de potassium
Sucres 16g

6. Pamplemousse doux

Avantages:

Le gingembre a été testé et il a été démontré qu'il peut empêcher la croissance tumorale lente et même cancéreuse. L'antioxydant dans les oranges aide la peau contre les dommages des radicaux libres et réduit également le risque de maladie cardiaque.

Ingrédients:
- 290g Canneberges - 3 tasses
- 45g racine de gingembre
- 400g Pamplemousse (pelés)
- 350g Oranges - trois fruits

Préparation :

Laver tous les ingrédients.

Faites en jus et prenez-le tout de suite.

Valeurs nutritives : Nombre de calories: 213
Vitamines: Vitamine A 124µg, vitamine C 210 mg, calcium 140 mg
Minéraux: 10 mg de sodium, 130 mg de potassium

Sucres 51g

7. Le Temps de la Super Fraise

Avantages:

La fraise réduit les taux de mortalité par le cancer, à cause de sa teneur élevée en antioxydants divers. Elle prévient les dommages causés par les radicaux libres dans notre corps, et elle détoxifie notre système. Il a été démontré que l'extrait de peau de pomme réduit les risques de cancer du côlon et le cancer du foie.

Ingrédients:
- 440g Pommes - 2 grandes
- 32g citron - 1/2 fruit
- 430g Fraises - 3 tasses

Préparation :
Laver tous les ingrédients.
Faites en jus et prenez-le tout de suite.

Valeurs nutritives : Nombre de calories: 190
Vitamines: Vitamine A 9µg, vitamine C 180 mg, calcium71 mg
Minéraux: 790 mg sodium, 5mg de potassium

Sucres 45g

8. Le Mix du Mile Vert

Avantages:

Consommer de la vitamine C aide à réduire l'incidence des ulcères gastroduodénaux et réduit le risque de cancer de l'estomac. Le carotène contenu dans les épinards est bénéfique dans la lutte et la prévention contre le cancer. C'est un agent puissant antioxydant et de lutte contre le cancer. La haute teneur en fer dans les épinards en fait un excellent constructeur de sang et il fournit de l'oxygène frais à tout le corps.

Ingrédients:
- 17g chou de Bruxelles - une pousse
- 1, 300g Concombre
- 2, 260g Oranges
- 225g Ananas- ¼ de fruit
- 102g épinards - 4 poignées

Préparation :
Laver tous les ingrédients.
Faites en jus et prenez-le tout de suite.

Valeurs nutritives : Nombre de calories: 180
Vitamines: Vitamine A 430µg, vitamine C 209mg, calcium215 mg
Minéraux: 74 mg de sodium, 130 mg de potassium, Sucres 34g

9. Mix PO de noix de coco

Avantages:

Les oranges, riches en vitamine C, réduisent les risques de maladies cardiaques, ainsi que le risqué du cancer de l'estomac. Les noix de coco pourraient jouer un rôle important pour réduire les risques de tous les types de cancer.

Ingrédients:
- 390g noix de coco – 1 moyenne (chair seulement)
- 365g Oranges - 2 grandes
- 300g Pêches - 2 moyennes

Préparation :

Laver tous les ingrédients.
Faites en jus et prenez-le tout de suite

Valeurs nutritives : Nombre de calories: 950
Vitamines: Vitamine A 59µg, Vitamine C 156mg, Calcium 148mg
Minéraux: Sodium 53mg, Potassium 180mg
Sucres 53g

10. Combo Menthe Ananas

Avantages :

La haute teneur en vitamine C dans les poires font une bonne source d'antioxydants qui peuvent protéger des dommages faits aux cellules par les radicaux libres. Elles sont riches en fructose et en glucose Ainsi, vous obtenez un grand boost d'énergie naturelle. Les fraises peuvent aider à améliorer l'augmentation de la mémoire, la concentration, et la capacité du cerveau à traiter l'information.

Ingrédients:
- 175g Poire - 1 moyenne
- 0,75 g de menthe poivrée
- 450g Ananas - Un demi fruit
- 140g Fraise - 1 tasse

Préparation :

Laver tous les ingrédients.

Faites en jus et prenez-le tout de suite.

Valeurs nutritives : Nombre de calories:220

Vitamines: Vitamine A 11µg, vitamine C 214 mg de calcium 67 mg

Minéraux: sodium 4 mg, Potassium 612mg

Sucres 41g

11. Jus ACG

Avantages:

La limonoïde est un composé qui se trouve dans les oranges et qui combat le cancer de la bouche, de la peau, du poumon, de l'estomac et du sein. Il a été prouvé que le gingembre aide à prévenir la croissance de la tumeur cancéreuse, et n'oublions pas le rôle important que les pommes jouent également dans la prévention du cancer.

Ingrédients:
- 540g Pommes - 3 moyennes
- 255g de céleri - 4 grandes tiges
- 6g de racine de gingembre - 1/4 pouce
- 30g Citron (avec couenne) - 1/2 fruit
- 181g d'Orange (pelée) - 1 grande

Préparation :
Laver tous les ingrédients.
Faites en jus et prenez-le tout de suite.

Valeurs nutritives : Nombre de calories: 211

Vitamines: Vitamine A 420µg, vitamine C 120 mg, calcium 200 mg. Minéraux: 201mg de sodium, 1520 mg de potassium, Sucres 54g

12. Notre Ami Vert

Avantages:

Les poivrons sont de puissants antioxydants, utiles dans la prévention des cancers du pancréas et de la prostate. Les tomates sont une bonne source de mélatonine qui protège contre le cancer du sein à bien des égards.

Ingrédients:
- 360g Pommes (vertes) - 2 moyennes
- 180g Carottes - 3 moyennes
- 300g concombre - 1 moyen
- 90g Raisins (vert) - 15 raisins
- 115g Poivron vert – Un moyen, doux
- 120g tomates – Une moyenne

Préparation :
Laver tous les ingrédients.
Faites en jus et prenez-le tout de suite.

Valeurs nutritives : Nombre de calories: 220
Vitamines: Vitamine A 1290µg, Vitamine C 150mg, calcium 150mg

Minéraux: 132 mg de sodium, 1654mg de potassium
Sucres: 39g

13. La Vie en T

Avantages:

De grandes quantités de potassium aident a soulager les symptômes de stress. Les tomates contiennent plusieurs substances anti-oxydantes, telles que le lycopène, qui aident à prévenir les dommages causés par des radicaux libres aux tissus de l'organisme.

Ingrédients:
- 0,17 g Basilic (séché) - 1 pincée
- 294g Chou-fleur - 1/2 tête moyenne
- 301g Concombre - 1 concombre
- 298g de tomates cerises - 2 tasses
- 1, 180g Pomme

Préparation :
Laver tous les ingrédients.
Faites en jus et prenez-le tout de suite.

Valeurs nutritives : Nombre de calories: **100**
Vitamines: Vitamine A 101µg, vitamine C 130 mg, calcium 98 mg

Minéraux: 74g de sodium, 140g de potassium
Sucres 11g

14. Le Brocoli Tout-Puissant

Avantages:

La vitamine C et des acides aminés font du brocoli un très bon détoxifiant, pour sur. Les radicaux libres sont éliminés par le corps, et le sang est purifié. Le Brocoli réduit le risque de cancers du sein et de l'utérus car il supprime l'œstrogène supplémentaire formé par le corps. Il contient aussi des antioxydants et des fibres.

Ingrédients:
- 182g Pomme - 1 moyenne
- 148g Bleuets - 1 tasse
- 151g Brocoli - 1 tige
- 210g Carottes - 3 grandes

Préparation :
Laver tous les ingrédients.
Faites en jus et prenez-le tout de suite.

Valeurs nutritives : Nombre de calories:202

Vitamines: Vitamine A 230µg, vitamine C 110 mg, calcium 150 mg

Minéraux: 220 mg de sodium, 140 mg de potassium

Sucres 40g

15. Les 3 Chemins

Avantages:

Une pomme par jour peut réduire le risque des cancers du sein et du colon. Les oranges, qui contiennent beaucoup de vitamine C, aident à stimuler les cellules blanches pour combattre les infections.

Ingrédients:

- 720g de Pommes – 4 moyennes
- 15g de Céleri – 2 Grandes branches
- 261g d'Oranges – 2 Fruits épluchés.

Préparation :

Laver tous les ingrédients.

Faites en jus et prenez-le tout de suite.

Valeurs nutritives : Nombre de calories:320
Vitamines: Vitamine A 51µg, Vitamine C 125mg, 140mg Calcium
Minéraux: Sodium 71mg, Potassium 112mg
Sucres 76g

16. Mix de Betteraves

Avantages:

Les carottes réduisent les niveaux de cholestérol et les risques de crise cardiaque. La betterave est un produit utilise dans certains pays comme traitement de la leucémie. Elle contient un acide aminé appelé bétaïne qui possède des propriétés anti-cancer.

Ingrédients:
- 180g Pomme - 1 moyenne
- 175g Betterave - 1 betterave
- 630g Carottes - 10 moyennes
- 42g Citron - 1/2 fruit
- 260g Kiwi (pelés) - 2 fruits

Préparation :

Laver tous les ingrédients.
Faites en jus et prenez-le tout de suite.

Valeurs nutritives : Nombre de calories:320
Vitamines: Vitamine A 3900µg, vitamine C 160mg, calcium 250mg

Minéraux: 430 mg de sodium, 230 mg de potassium
Sucres 60g

17. Combo Pommes-Epinards

Avantages:

Les épinards peuvent ralentir la division des cellules cancéreuses, en particulier dans les cancers du sein, du col de l'utérus, de la prostate, de l'estomac et de la peau. Les poires ont un montant élevé disponible de fructose, qui vous permet d'obtenir un coup de pouce rapide d'énergie et de façon naturelle.

Ingrédients:
- 180g Pomme - 1 moyenne
- 304g Carottes - 5 moyennes
- 300g concombres - 1 concombre
- 175g Poire - 1 moyenne
- 50g épinards - 2 poignées

Préparation :

Laver tous les ingrédients.

Faites en jus et prenez-le tout de suite.

Valeurs nutritives : Nombre de calories:210

Vitamines: Vitamine A 1850µg, vitamine C 58 mg, 165 mg de calcium

Minéraux: 150mg de sodium, de potassium 130 mg

Sucres 39g

18. Jus exotique de Sulforaphane

Avantages:

Le sulforaphane du chou frisé a prouvé avoir un effet direct plus important sur la prévention du cancer, en particulier dans le cancer du côlon, induisant les cellules cancéreuses à se détruire. Le gingembre aide à réduire l'inflammation, de sorte qu'il peut être utilisé pour traiter toute maladie.

Ingrédients:
- 12g racine de gingembre - 1/2 pouce
- 140g Chou frisé - 4 feuilles de
- Poignée - 335g 1 fruit
- 165g Ananas morceaux - 1 tasse

Préparation :

Laver tous les ingrédients.

Faites en jus et prenez-le tout de suite.

Valeurs nutritives : Nombre de calories: 219
Vitamines: Vitamine A 619µg, vitamine C 250 mg, calcium 216 mg
Minéraux: 35mg de sodium, 101mg de potassium

Sucres 48g

19. Petit déjeuner Mangue Rouge

Avantages:

La consommation de bêta-carotène a été liée à la réduction des risques de plusieurs cancers, notamment le cancer du poumon. Les fraises peuvent être utiles à fluidifier le sang et à prévenir la formation de caillots dans le sang, réduisant ainsi le travail du cœur.

Ingrédients:
- 362g Pommes – 2 moyennes
- 46g Chou (rouge) - 2 feuilles
- 180g Carottes - 3 moyennes
- 336g Mangue (pelée) - 1 fruit
- 216g Fraises - 1,5 tasse, entières.

Préparation :

Laver tous les ingrédients.
Faites en jus et prenez-le tout de suite.

Valeurs nutritives : Nombre de calories**:** 230 Vitamines: Vitamine A 1300µg, vitamine C 141 mg, calcium 192 mg

Minéraux: 242 mg de sodium, 1328mg de potassium

Sucres 20g

20. Un Coup de Kiwi

Avantages:

Les fraises peuvent améliorer la mémoire et augmenter la capacité du cerveau à traiter l'information, et elles ont aussi des propriétés pour détoxifier le corps. Nutriments contenus dans les kiwis ont également des propriétés anti oxydantes.

Ingrédients:
- 290g bleuets - 2 tasses
- 135g Kiwi - deux fruits
- 2,5 g Menthe poivrée - 50 feuilles
- 190g Fraises - 16 moyennes

Préparation :

Laver tous les ingrédients.

Faites en jus et prenez-le tout de suite.

Valeurs nutritives : Nombre de calories: 175
Vitamines: Vitamine A 13µg, vitamine C 170 mg, calcium 65 mg
Minéraux: sodium 5mg , potassium 620 mg

Sucres 3g

21. Pluie de Mures

Avantages:

Les poires ont des propriétés anti oxydantes et anti-cancérigènes qui aident à prévenir l'hypertension artérielle. Consommer des aliments riches en vitamine C contribue à faire baisser l'incidence des ulcères gastroduodénaux et, ainsi, vous réduisez le risque de cancer de l'estomac.

Ingrédients:
- 140g Mures - 1 tasse
- 65g Kiwi - 1 fruit
- 175g Poire - 1 moyenne
- 220g Ananas (pelé, épépiné) - 1/4 de fruit

Préparation :

Laver tous les ingrédients.

Faites en jus et prenez-le tout de suite.

Valeurs nutritives : Nombre de calories: 150
Vitamines: Vitamine A 19µg, vitamine C 135 mg, calcium 71 mg

Minéraux: sodium 5mg, potassium 610 mg
Sucres 35g

22. Le Chou Frisé Batailleur

Avantages:

Le Chou est riche en sources inestimables de phyto-nutriments avec de puissantes propriétés anti-cancer, comme le diindolylméthane (DIM) et le sulforaphane qui a prouvé combattre les cancers du sein et de la prostate.

Ingrédients:
- 182g Pomme - 1 moyenne
- 36g Choux - 1 tasse, hachés
- 140g Chou frisé - 4 feuilles (8-12 ")
- 119g Poivron (rouge doux) - 1 moyen

Préparation :

Laver tous les ingrédients.

Faites en jus et prenez-le tout de suite.

Valeurs nutritives : Nombre de calories**: 110
Vitamines: Vitamine A 1400µg, vitamine C 192 mg, calcium 180 mg
Minéraux: 103 mg de sodium, 124 mg de potassium

Sucres 18g

23. L'Energie Dorée du Citron

Avantages:

Selon une étude faite sur 20.000 personnes, ceux qui avaient consommé des pommes avaient pour la plupart un risque de 40 pour cent plus faible de développer un cancer du poumon. La teneur élevée en vitamine K est indispensable pour ancrer le calcium dans les os. Ce fruit est donc important pour la bonne santé des os.

Ingrédients:
- 360g de Pommes - 2 moyennes 3
- 150g Concombre - 1/2 concombre
- 65g Citron - 1 fruit
- 150g Epinards - 5 tasses

Préparation :
Laver tous les ingrédients.
Faites en jus et prenez-le tout de suite.

Valeurs nutritives : Nombre de calories: 140
Vitamines: Vitamine A 490µg, vitamine C 51 mg, calcium 140 mg

Minéraux: 85 mg de sodium, 980 mg de potassium

Sucres 25g

24. Le Triple P de la Santé

Avantages:

Les recherches ont montré que l'extrait de la pelure de la pomme avait un effet de réduction de 57% du risque de cancer du foie. Des extraits de persil ont été utilisés dans les études sur les animaux pour aider à augmenter la capacité anti oxydante du sang.

Ingrédients:
- 90g Pomme - 1/2 moyenne
- 150.5g Concombre - 1/2 concombre
- 24g Racine de gingembre – 1 pousse
- 195.25g Papaye (épépinée) - 1/4 de fruit
- 40g Persil - 1 poignée
- 89g Poire - 1/2 moyenne

Préparation :

Laver tous les ingrédients.

Faites en jus et prenez-le tout de suite.

Valeurs nutritives : Nombre de calories: 125

Vitamines: Vitamine A 251µg, vitamine C 120 mg, calcium 122 mg

Minéraux: 65 mg de sodium, 700 mg de potassium

Sucres 20g

25. Laissez-nous Vous Aider

Avantages:

Le jus de laitue est une excellente source d'hydratation au niveau cellulaire. Il est également riche en antioxydants du bêta-carotène en particulier, de la vitamine C et de la vitamine E. Ces substances aident à prévenir le vieillissement prématuré.

Ingrédients:
- 360g Pommes - 2 moyennes
- 125g Céleri - 2 grande tiges
- 150g Concombre - 1/2 concombre
- 94g Laitue - 2 tasses

Préparation :
Laver tous les ingrédients.
Faites en jus et prenez-le tout de suite.

Valeurs nutritives : Nombre de calories: 154
Vitamines: Vitamine A 320µg, vitamine C 61 mg, calcium 125 mg

Minéraux: 76 mg de sodium, 874mg de potassium
Sucres 34g

26. Mélange sucré

Avantages :

Le pigment qui donne aux betteraves leur couleur violet-pourpre riche, est également un agent puissant de lutte contre le cancer. La recherche montre que le jus de betterave peut aider à inhiber le développement du cancer du côlon et de l'estomac.

Ingrédients:
- 2 364g de Pommes (Golden délicieuses)
- 164G Betterave - 2 betteraves
- 72g Carotte - 1 grande
- 1 130g Patate douce

Préparation :

Laver tous les ingrédients.

Faites en jus et prenez-le tout de suite.

Valeurs nutritives : Nombre de calories: 234 Vitamines: Vitamine A 986µg, vitamine C 155 mg, calcium 110 mg

Minéraux: 156 mg de sodium, 1390mg de potassium

Sucres 41g

27. Le monde du Melon

Avantages :

Il y a eu des recherches extensives sur le Lycopène (contenu dans les pastèques rouges) pour ses propriétés anti oxydantes et pour sa prévention du cancer. Il est surtout efficace pour le cancer de la prostate.

Ingrédients:
- 120g de Tomate – 1 moyenne
- 570g de Pastèque – une grande tranche

Préparation :

Laver tous les ingrédients.
Faites en jus et prenez-le tout de suite

Valeurs nutritives : Nombre de calories: 109
Vitamines: Vitamine A 142µg, Vitamine C 41mg, 31mg Calcium
Minéraux: Sodium 6mg, Potassium 620mg
Sucres 22g

28. La Danse des Fruits

Avantages :

Le contenu abondant de Vitamine A et de caroténoïdes aide à empêcher les problèmes des yeux liés à l'âge. Une recherche montre que la pectine dans les pommes réduit le risque du cancer du côlon et aide à maintenir un tube digestif sain. Ce jus est aussi un antioxydant, il renforce le système immunitaire, facilite la digestion et il est diurétique.

Ingrédients:
- 360g de Pommes - 2 moyennes
- 200g d'Avocat - 1 avocat
- 190g de Céleri - 3 grandes branches
- 90g de Raisins - 15 raisins
- 60g d'Épinards - 2 tasses

Préparation:
Lavez tous les ingrédients.
Faites en jus et prenez-le tout de suite

Valeurs nutritives : Total des Calories: 320

Vitamines: Vitamine A 235µg, Vitamine C 51mg, Calcium 143mg. Minéraux: Sodium 139mg, Potassium 1690mg Sucres 28g

29. La Voie des Carottes

Avantages :

Les études montrent que les femmes qui ont mangé des carottes crues avaient cinq à huit fois moins de risque de développer le cancer du sein que les femmes qui n'ont pas mangé de carottes. La pectine dans les carottes baisse les taux de cholestérol dans le sérum.

Ingrédients:

- 182g de Pomme - 1 moyenne
- 182g de Carottes - 3 moyennes
- 6g d'Ail - 2 gousses
- 24g de Racine de Gingembre - 1 pouce

Préparation:

Laver tous les ingrédients.
Faites en jus et prenez-le tout de suite.

Valeurs nutritives : Total des Calories: 98
Vitamines: Vitamine A 1083µg, Vitamine C 47mg, Calcium 82mg

Minéraux: Sodium 97mg, Potassium 705mg

Sucres 15g

30. Jus KL

Avantages :
Le chou frisé est une source riche de composés d'organe de soufre, qui est excellent pour combattre beaucoup de cancers. Des études récentes montrent que le gingembre pourrait aussi avoir un rôle dans la baisse du cholestérol LDL parce que l'épice peut aider à réduire la quantité de cholestérol qui est absorbée.

Ingrédients:
- 256g Céleri - 4 grandes branches
- 301g Concombre - 1 Concombre
- 24g Racine de Gingembre - 1 pouce
- 210g Chou frisé - 6 feuilles

Préparation:
Laver tous les ingrédients.
Faites en jus et prenez-le tout de suite.

Valeurs nutritives : Total des Calories: 220
Vitamines: Vitamine A 200µg, Vitamine C 99mg, Calcium 34mg

Minéraux: Sodium 12mg, Potassium 64mg

Sucres 10g

31. Le Citron au Top

Avantages :

La betterave est un traitement utilisé pour la leucémie parce qu'elle contient un acide aminé appelé la Bétaïne. Boire du jus de citron est utile pour les gens souffrant de problèmes du cœur, car il contient du potassium qui contrôle la tension artérielle.

Ingrédients:

- 175g Betterave - 1 betterave
- 46g Chou (rouge) - 2 feuilles
- 183g Carottes - 3 moyennes
- 42g Citron vert - 1/2 fruit
- 131g Orange - 1 fruit
- 180g Pomme – 1

Préparation:

Lavez tous les ingrédients.

Faites en jus et prenez-le tout de suite

Valeurs nutritives : Total des Calories: 296

Vitamines: Vitamine A 500µg, Vitamine C 152mg, Calcium 52mg

Minéraux: Sodium 40mg, Potassium 190mg

Sucres 19g

32. Cocktail de Fête

Avantages :

Les oranges étant riches en flavonoïdes réduisent le risque de maladie cardiaque et construisent aussi un système immunitaire fort. Leur contenu en vitamine C agit comme un bon antioxydant qui protège les cellules contre les dégâts des radicaux libres.

Ingrédients:

- 360g Pommes - 2 moyennes
- 80g Céleri - 2 branches moyennes
- 301g Concombre - 1 Concombre
- 42g Citron - 1/2 fruit
- 260g Oranges (épluchées) - 2 fruits

Préparation:

Lavez tous les ingrédients.
Faites en jus et prenez-le tout de suite

Valeurs nutritives : Total des Calories: 190
Vitamines: Vitamine A 48µg, Vitamine C 98mg, Calcium 40mg

Minéraux: Sodium 19mg, Potassium 101mg

Sucres: 12g

33. Orange Banane Vitales

Avantages :

Les pommes sont excellentes, parce qu'elles réduisent vraiment le risque de n'importe quel type de cancer et les oranges ont un contenu riche en Vitamine C qui aide votre système immunitaire à devenir plus fort.

Ingrédients:
- 180g Pomme - 1 moyenne
- 301g Concombre - 1 Concombre
- 154g Orange - 1 grande
- 150g Banane - 1 moyenne

Préparation:

Lavez tous les ingrédients.
Faites en jus et prenez-le tout de suite

Valeurs nutritives : Total des Calories: 215
Vitamines: Vitamine A 20µg, Vitamine C 70mg, Calcium 79mg,
Minéraux: Sodium 156, Potassium 900mg
Sucres 25g

34. Le Temps BOA

Avantages :

Les pommes protègent l'organisme des effets des radicaux libres et les oranges sont bien connues pour réduire le risque de cancer. Les bananes sont aussi riches en potassium.

Ingrédients:
- 213g Pomme – 1 grande
- 316g Orange (épluchée) - 1 fruit
- 150g Banane (épluchée) – 1 moyenne

Préparation:

Lavez tous les ingrédients.
Faites en jus et prenez-le tout de suite

Valeurs nutritives : Total des Calories: 209
Vitamines: Vitamine A 110µg, Vitamine C 64mg, Calcium 30mg
Minéraux: Sodium 49mg, Potassium 390mg
Sucres 7g

35. Pulsion Mangue Citronnée

Avantages :

Les citrons sont une excellente façon de maintenir votre organisme sain et aide à empêcher le cancer de la peau. Les mangues réduisent le cancer du côlon et du sein.

Ingrédients:

- 180g Pomme - 1 moyenne
- 25g Citron (épluché) - 1/2 fruit
- 70g Mangue (épluchée) – 1/2 fruit

Préparation:

Lavez tous les ingrédients.
Faites en jus et prenez-le tout de suite

Valeurs nutritives : Total des Calories: 90
Vitamines: Vitamine A 420µg, Vitamine C 14.9mg, Calcium 20mg,
Minéraux: Sodium 12mg, Potassium 230mg
Sucres 4g

36. Melange Pomme Citron Vert

Avantages :

Le chou empêche la tension d'aller trop haut et vous permet de mieux la contrôler. Les poires sont riches en substances nutritives et empêchent beaucoup de types de cancer.

Ingrédients:

- 180g Pomme- 1 moyenne
- 52g Chou (rouge) - 2 feuilles
- 27g Citron Vert - 1/2 fruit
- 346g Poires - 2 moyennes

Préparation:

Lavez tous les ingrédients.
Faites en jus et prenez-le tout de suite

Valeurs nutritives : Total des Calories: 205
Vitamines: Vitamine A 29µg, Vitamine C 48.1mg, Calcium 40mg
Minéraux: Sodium 12mg, Potassium 400mg
Sucres 5g

37. Un Monde de Poire

Avantages :

Les poires sont une excellente façon de renforcer votre système immunitaire, et les citrons, en raison de leur haut contenu de Vitamine C, sont très riches en antioxydants qui empêchent le cancer en gardant un système immunitaire fort.

Ingrédients:
- 25g Citron (épluché) – ½ fruit
- 170g Poire- 1 moyenne
- 50g Épinards – 2 poignées
- 300g Banane – 2 moyennes

Préparation:

Lavez tous les ingrédients.
Faites en jus et prenez-le tout de suite

Valeurs nutritives : Total des Calories: 190
Vitamines: Vitamine A 210µg, Vitamine C 83mg,
Calcium 150mg,
Minéraux: Sodium 33mg, Potassium 230mg
Sucres 8g

38. Surprise Betterave du Matin

Avantages :

Les pommes sont des antioxydants naturels puissants. On a montré que l'extrait de pelure de pomme baisse les risques du cancer du côlon et le cancer du foie. Les betteraves combattent l'inflammation et peuvent aussi améliorer la vision.

Ingrédients:

- 180g Pomme - 1 moyenne
- 40g Betterave - 1/2 betterave
- 140g Orange (épluchée) - 1 moyenne
- 25g Épinards - 1 poignée

Préparation:

Lavez tous les ingrédients.

Faites en jus et prenez-le tout de suite

Valeurs nutritives : Total des Calories: 84
Vitamines: Vitamine A 300µg, Vitamine C 19mg, Calcium 21mg,
Minéraux: Sodium 30mg, Potassium 218mg

Sucres 5g

39. Le mélange Raisin Céleri

Avantages :

Les bananes sont excellentes pour soutenir la santé du cœur, les oranges peuvent réduire des risques de cancer et le céleri contient de bons sels. Le Limonoïde est un composé trouvé dans les oranges qui sont efficaces pour aider à combattre les cancers de la bouche, de la peau, du poumon, du sein, de l'estomac et du côlon.

Ingrédients:

- 150g Banane (épluchée) – 1 moyenne
- 142g Céleri – 2 branches
- 80g Raisins – 14 Raisins
- 140g Orange - 1 moyenne

Préparation:

Lavez tous les ingrédients.
Faites en jus et prenez-le tout de suite

Valeurs nutritives : Total des Calories: 90
Vitamines: Vitamine A 108µg, Vitamine C 40mg, Calcium 80mg

Minéraux: Sodium 30mg, Potassium 100mg
Sucres 4g

40. PAC Punch

Avantages :

Les pommes réduisent le risque du cancer, les pêches sont riches en substances nutritives et en vitamines et les carottes sont une excellente source de bêta carotène. Les carottes augmentent la performance de globules blancs et aident aussi à éliminer des liquides en excès dans l'organisme.

Ingrédients:

- 450g Pêches – 3 moyennes
- 180g Pomme -1 moyenne
- 80g Carottes- 2

Préparation:

Lavez tous les ingrédients.
Faites en jus et prenez-le tout de suite

Valeurs nutritives : Total des Calories: 352
Vitamines: Vitamine A 600uq, Vitamine C 45mg, Calcium 40mg,
Minéraux: Sodium 12mg, Potassium 310mg
Sucres 6g

41. Double Betterave

Avantages :

Le persil et les tomates sont riches en antioxydants et jouent aussi un rôle dans la régulation de l'hypertension et n'oublions pas que les carottes réduisent le risque du cancer.

Ingrédients:

- 81g Betterave - 1 betterave
- 60g Carotte – 1 moyenne
- 125g Céleri - 2 grandes branches
- 160g Persil - 4 poignées
- 120g Tomates-2 tomates

Préparation:

Lavez tous les ingrédients.
Faites en jus et prenez-le tout de suite

Valeurs nutritives : Total des Calories: 203
Vitamines: Vitamine A 1273µg, Vitamine C 200, calcium 4mg
Minéraux: Sodium 44mg, Potassium 62mg
Sucres 21 g

42. C Plus

Avantages :

Le Gingembre ralentit ou empêchent même la croissance des tumeurs cancéreuses et la pectine dans les carottes baisse les taux de sérum de cholestérol.

Ingrédients:

- 215g Carottes - 3 large
- 255g Céleri - 4 grandes branches
- 150g Concombre - 1/2 Concombre
- 11g Racine de Gingembre - 1/2 pouce
- 80g Pomme - 1 moyenne

Préparation:

Lavez tous les ingrédients.

Faites en jus et prenez-le tout de suite

Valeurs nutritives : Total des Calories: 141
Vitamines: Vitamine A 1201µg, Vitamine C 17mg, Calcium 150mg
Minéraux: Sodium 270mg, Potassium 1307mg
Sucres 23g

43. Mix CAB

Avantages :

Les pommes réduisent le cholestérol et le risque de beaucoup de types de cancer. Quelques études quant au concombre ont montré qu'il pourrait contrôler la vitesse à laquelle les cellules cancéreuses se multiplient.

Ingrédients:

- 180g Pommes - 1 moyenne
- 80g Betterave - 1 betterave
- 135g Concombre - 1

Préparation:

Lavez tous les ingrédients.

Faites en jus et prenez-le tout de suite

Valeurs nutritives : Total des Calories: 165
Vitamines: Vitamine A 603µg, Vitamine C 17mg, Calcium 40mg
Minéraux: Sodium 95mg, Potassium 750
Sucres 30g

44. Le combattant du Cancer

Avantages :

Les pommes sont excellentes pour désintoxiquer votre foie. L'extrait de peau de pomme peut baisser le risque du cancer du foie et d'autres cancers.

Ingrédients:

- 180g Pomme - 1 moyenne
- 80g Raisins -
- 140g Carottes - 2 grandes
- 60g Citron Vert - 1 fruit

Préparation:

Lavez tous les ingrédients.
Faites en jus et prenez-le tout de suite

Valeurs nutritives : Total des Calories: 95
Vitamines: Vitamine A 707µg. Vitamine C 17mg, Calcium 55mg
Minéraux: Copper: Sodium 125mg, Potassium 603mg
Sucres 22g

45. Jungle Verte

Avantages :

1 pomme par jour réduit le risque du cancer. Les citrons sont excellents pour renforcer toutes les carences du système immunitaire et combattre les cancers.

Ingrédients:

- 110g Melon Amer - 1 melon amer
- 160g Mangue - 1/2 gande
- 80g Citron (avec la peau) - 1 fruit
- 80g Pomme- 1 moyenne

Préparation:

Lavez tous les ingrédients.
Faites en jus et prenez-le tout de suite

Valeurs nutritives : Total des Calories: 55
Vitamines: Vitamine A 78µg, Vitamine C 157mg, Calcium 49mg
Minéraux: Sodium 43mg, Potassium 81mg
Sucres 12g

46. Triple C

Avantages :

Le céleri est bien connu pour son riche contenu d'antioxydant et la coriandre est très bonne pour maintenir des os forts et un système immunitaire puissant, ce qui est un élément essentiel pour combattre le cancer.

Ingrédients:

- 180g Carottes – 3 moyennes
- 120g Céleri - 2 grandes branches
- 32g Coriandre - 1 poignée
- 80g Pomme -1 moyenne

Préparation:

Lavez tous les ingrédients.

Faites en jus et prenez-le tout de suite

Valeurs nutritives : Total des Calories: 20
Vitamines: Vitamine A 336µg, Vitamine C 18.2mg, Calcium 80
Minéraux: Sodium 25mg, Potassium 120mg
Sucres 5g

47. Mix Léger

Avantages :

Les betteraves sont riches en glucides ce qui signifie qu'elles sont une excellente source d'énergie instantanée. La recherche montre aussi que le jus de betterave peut aider à empêcher le développement de cancer du côlon, et le citron vert est un antiseptique naturel.

Ingrédients:
- 180g Pomme - 1 moyenne
- 80g Betterave- 1 betterave
- 29g Citron Vert - 1/2 fruit
- 60g Épinards- 2 tasses

Préparation:
Lavez tous les ingrédients.
Faites en jus et prenez-le tout de suite

Valeurs nutritives : Total des Calories: 179
Vitamines: Vitamine A 9µg, Vitamine C 101mg, Calcium 50mg
Minéraux: Sodium 45mg, Potassium 625mg

Sucres 36g

48. Banane au Top

Avantages :

Le jus de tomate a des propriétés anti oxydantes et diurétiques et il améliore aussi les fonctions digestives. Il aide à désintoxiquer le foie et les reins. Les pommes réduisent le risque du cancer du foie.

Ingrédients:

- 350g Pommes - 2 moyenne
- 300g Concombre - 1 Concombre
- 60g Épinards - 2 tasses
- 115g Tomate - 1 moyenne entière
- 150g Banane -1 moyenne

Préparation:

Lavez tous les ingrédients.

Faites en jus et prenez-le tout de suite

Valeurs nutritives : Total des Calories: 190
Vitamines: Vitamine A 1012µg, Vitamine C 98mg, Calcium 150mg
Minéraux: Sodium 129mg, Potassium 1505mg

Sucres 31g

49. Flux de Tomates

Avantages :

Les tomates contiennent d'autres agents anti-inflammatoires puissants, qui sont particulièrement concentrés dans la peau de tomate. La tomate est très effective pour combattre l'inflammation et peut jouer un rôle dans la prévention de quelques types de cancer.

Ingrédients:

- 60g Céleri - 1 grande branche
- 35g Coriandre - 1 poignée
- 3g Ail - 1 gousse
- 145g Tomate - 1 tasse de tomates cerises

Préparation:

Lavez tous les ingrédients.
Faites en jus et prenez-le tout de suite

Valeurs nutritives : Total des Calories: 30 Vitamines: Vitamine A 151µg, Vitamine C 86mg, Minéraux: Sodium 140mg, Potassium 620mg Sucres 5g

50. Contrôle Limonoïde

Avantages :

Il est bien connu que les limonoïdes dans les citrons empêchent le développement du cancer et les pommes réduisent le risque d'avoir un cancer.

Ingrédients:
- 545g Pommes – 3 moyenne
- 190g Céleri - 3 grandes branches
- 70g Raisins-
- 58g Citron (épluché) - 1 fruit

Préparation:

Lavez tous les ingrédients.

Faites en jus et prenez-le tout de suite

Valeurs nutritives : Total des Calories: 212
Vitamines: Vitamine A 679µg, Vitamine C 131.4mg, Calcium 230mg
Minéraux: Sodium 179mg, Potassium 1430mg
Sucres 51g

51. Mangue Gingembre

Avantages :

Un flavonoïde appelé hespéridine que l'on trouve dans des oranges peut baisser l'hypertension et empêcher le cancer. Il a été prouvé que le Gingembre aide à ralentir et empêcher la croissance des tumeurs cancéreuses.

Ingrédients:

- 10g Racine de Gingembre - 1/2 pouce
- 140g Raisins
- 330g Mangue - 1 fruit sans noyau
- 95g Orange - 1 petite
- 165g Ananas - 1 tasse de morceaux

Préparation:

Lavez tous les ingrédients.
Faites en jus et prenez-le tout de suite

Valeurs nutritives : Total des Calories: 230
Vitamines: Vitamine A 625µg, Vitamine C 294.2mg, Calcium 201mg
Minéraux: Sodium 40mg, Potassium 1104mg

Sucres: 4g

52. Délice d'Ananas Gingembre

Avantages :

L'ananas réduit le risque de la progression de dégénérescence musculaire liée à l'âge. La racine de Gingembre est excellente pour empêcher la croissance des tumeurs cancéreuses et peut aussi aider à éliminer une forte fièvre.

Ingrédients:

- 10g Racine de Gingembre - 1/2 pouce
- 335g Mangue - 1 fruit sans noyau
- 95g Orange - 1 petite
- 165g Ananas - 1 tasse de morceaux

Préparation:

Lavez tous les ingrédients.
Faites en jus et prenez-le tout de suite

Valeurs nutritives : Total des Calories: 212
Vitamines: Vitamine A 536µg, Vitamine C 328.1mg, Calcium 321mg,
Minéraux: Sodium 39mg, Potassium 1088mg
Sucres 44g

53. Délices Verts

Avantages :

Les pommes protègent les cellules cérébrales des dégâts des radicaux libres, et le brocoli réduit tous les types de cancers. Il a été prouvé que le Sulforaphane du chou frisé peut avoir un effet puissant sur la prévention de cancer, particulièrement dans le cancer du côlon, incitant des cellules cancéreuses à se détruire.

Ingrédients:

- 180g Pomme - 1 moyenne
- 150g Brocoli -
- 35g Légumes Verts - 1 tasse de morceaux
- 140g Chou frisé - 4 feuilles (8-12")
- 135g Orange-1 orange

Préparation:

Lavez tous les ingrédients.

Faites en jus et prenez-le tout de suite

Valeurs nutritives : Total des Calories: 158

Vitamines: Vitamine A 650µg, Vitamine C 213mg, Calcium 180

Minéraux: Sodium 126mg, Potassium 953mg

Sucres 21g

54. Mix de Pissenlit

Avantages :

Les feuilles vertes de Pissenlit sont très bien efficaces pour réduire le risque du cancer et baisser les niveaux de stress. Les citrons sont une excellente source de Vitamine C qui aide l'organisme à maintenir un système immunitaire fort.

Ingrédients:

- 360g Pommes - 2 moyennes
- 150g Concombre - 1/2 Concombre
- 55g Feuilles de Pissenlit vertes - 1 tasse, découpées
- 42g Citron - 1/2 fruit
- 120g Patate douce

Préparation:

Lavez tous les ingrédients.

Faites en jus et prenez-le tout de suite

Valeurs nutritives : Total des Calories: 178

Vitamines: Vitamine A 531µg, Vitamine C 130mg, Calcium 200mg,

Minéraux: Sodium 95mg, Potassium 1013mg

Sucres 25g

55. Un Début de journée avec PBP

Avantages :

Pommes sont très bon parce qu'ils réduisent le risque du cancer. Les poivrons sont des antioxydants puissants, utiles (serviables) dans la prévention des cancers du pancréas et de la prostate.

Ingrédients:

- 350g Pommes - 2 moyennes
- 160g Betteraves - 2 betteraves
- 65g Carotte – 1 carotte
- 115g Poivron Rouge Doux - 1 moyen

Préparation:

Lavez tous les ingrédients.

Faites en jus et prenez-le tout de suite

Valeurs nutritives : Total des Calories: 230
Vitamines: Vitamine A 970µg, Vitamine C 124mg, Calcium 103mg,
Minéraux: Sodium 10 mg, Potassium 231 mg
Sucres 6g

AUTRES GRANDS TITRES DE CET AUTEUR

Le régime de Superman pour la construction de muscles

95 Recettes de repas et de shakes qui vous feront plus grand, plus fort, plus musclé

35 Recettes de repas pour diabétiques

La plus délicieuse façon de rester en bonne santé

95 Recettes de repas et de jus pour diabétiques

Un livre de recettes quotidiennes pour les personnes diabétiques

50 Recettes de Jus pour diminuer votre pression sanguine.

Un moyen facile pour diminuer votre pression sanguine